POR QUÉ NOS GUSTA EL FÚTBOL AMERICANO

AIDAN WHITCOMB

BLACK RABBIT BOOKS

TABLA DE CONTENIDOS

1

Los fundadores del fútbol americano

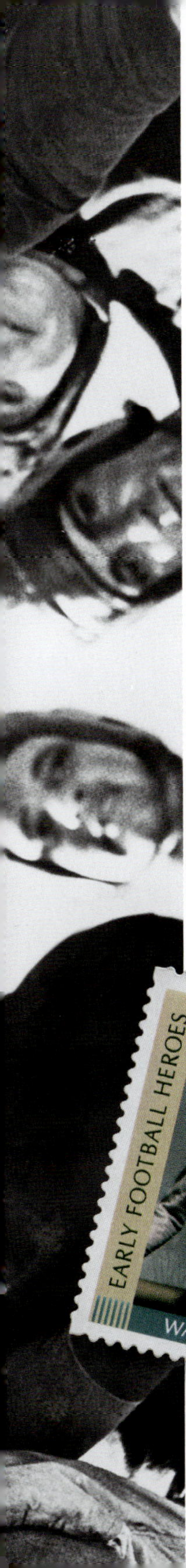

El fútbol americano es un deporte antiguo. El primer partido se jugó en 1869. Dos equipos universitarios participaron. El juego era similar al rugby y al fútbol soccer. En 1880, Walter Camp actualizó las reglas. Hizo que el fútbol americano fuera único. Los cambios que realizó crearon el deporte que conocemos hoy.

En 1920, se creó la Liga Nacional de Fútbol Americano (NFL). Solo existían 10 equipos. Desde entonces, la NFL ha agregado más equipos. Ahora hay 32 equipos. Millones de aficionados aman la NFL. Les encantan las tradiciones del deporte.

¿Sabías que...?
Hay más de 410 millones de aficionados a la NFL. Es el deporte más visto en los Estados Unidos.

2

Día de partido en el campo de juego

Es genial ver el fútbol americano en vivo. Los partidos están llenos de energía. Hay mucha acción. Los balones sueltos y las intercepciones pueden cambiar el juego en un segundo. Los touchdowns largos emocionan a la multitud. Los estadios están llenos de vida. Los aficionados animan con entusiasmo. Celebran cada anotación.

El tailgating es una experiencia divertida. Es una gran fiesta con otros aficionados. Ocurre antes del partido. Los aficionados se reúnen en el estacionamiento. Muchos visten camisetas de su equipo. Hay comida deliciosa. La gente pone música. Se preparan para el partido.

¿Sabías que...?

El Arrowhead Stadium es la casa de los Kansas City Chiefs. Tiene el récord del estadio más ruidoso.

3

Favoritos del fútbol americano

Patrick Mahomes

Los aficionados de la NFL tienen muchos jugadores favoritos. Hay superestrellas en todas partes. Los mariscales de campo suelen ser populares. Patrick Mahomes y Josh Allen son dos de los mejores. Los aficionados admiran sus habilidades. A veces lanzan pases largos. A veces corren con el balón. ¡Pueden hacer jugadas increíbles!

Los aficionados también admiran a los receptores. Justin Jefferson es uno de los mejores. ¡Sus habilidades son increíbles! Se lanza para atrapar pases. Hace recepciones con una sola mano. Anota muchos touchdowns. A los aficionados también les encantan sus celebraciones.

Piensa en esto ¿Qué habilidades hacen que un jugador sea grandioso?

ALLEN
17
BILLS

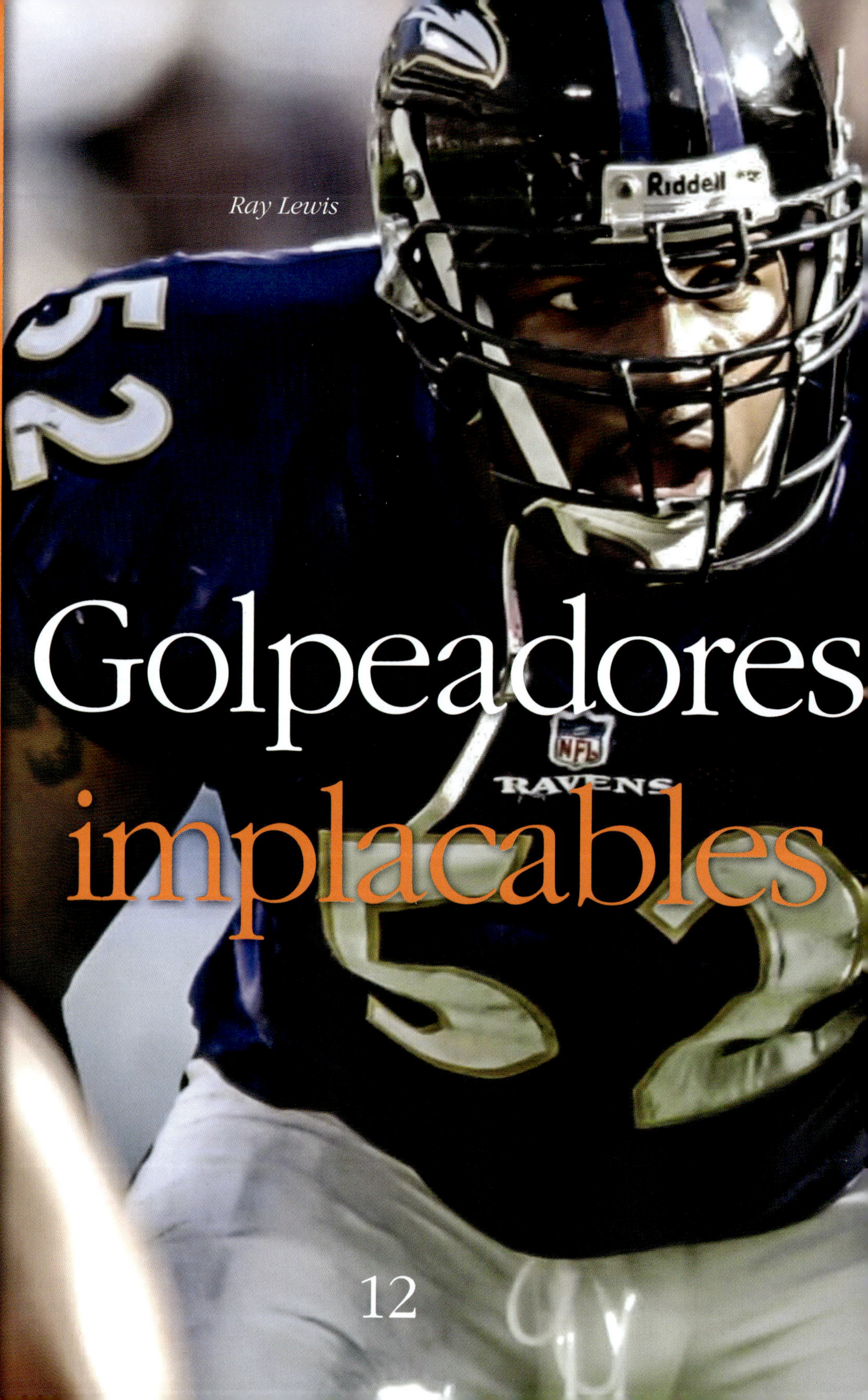

Ray Lewis

4 Golpeadores implacables

A los aficionados les encantan las tacleadas fuertes. ¡Los defensores son muy fuertes! Las grandes tacleadas emocionan al equipo. Algunos de los jugadores que golpean más fuerte son los apoyadores. Detienen a todos. También son jugadores inteligentes. Lideran la **línea defensiva**.

Un apoyador legendario fue Ray Lewis. Jugó para los Baltimore Ravens. Tiene la mayor cantidad de tacleadas en su carrera. Lewis era atlético. También era agresivo. Era difícil jugar contra él. Sus **oponentes** le temían. Ganó muchos premios. Lewis está en el Salón de la Fama.

Domingo de Super Bowl

El Super Bowl es el partido de campeonato de la NFL. Se juega en febrero. Compiten los mejores equipos de cada conferencia. ¡Es el partido más importante del año! El equipo ganador recibe anillos de campeonato.

Muchos aficionados ven el Super Bowl. ¡Más de 100 millones de personas lo sintonizan! Algunos aficionados organizan fiestas. Animan a los equipos. Otros disfrutan el espectáculo de medio tiempo. Muchos músicos famosos han actuado. Rihanna y The Weeknd tuvieron presentaciones memorables.

¿Sabías que...?
El primer Super Bowl fue en 1967. Los Green Bay Packers lo ganaron.

Rihanna

Las fiestas de Super Bowl suelen tener mucha comida para disfrutar mientras se ve el partido.

6

Locura por el fútbol americano universitario

El fútbol americano universitario también es muy popular. Los jugadores jóvenes dan todo en cada partido. Hoy en día, más de 800 universidades tienen un equipo de fútbol americano. Los estudiantes y **exalumnos** llenan las gradas. Muchos aficionados están muy orgullosos de su escuela. Muchas estrellas universitarias llegan a jugar en la NFL.

En 2014, se crearon los College Football Playoffs. Doce equipos juegan en los playoffs. Los equipos compiten en tazones, como el Rose Bowl. Los partidos se juegan alrededor del día de Año Nuevo. Millones de personas los ven por televisión.

NETWO KS

MÁS PARA EXPLORAR

DATOS FANTÁSTICOS

El jugador más alto en la historia de la NFL fue Richard Sligh, con una altura de 7 pies (2.1 metros).

Adrian Peterson logró 296 yardas por carrera en un partido, la mayor cantidad en un solo juego.

Los Houston Texans son el equipo más nuevo de la NFL. Ingresaron a la liga en 2002.

Justin Tucker pateó un gol de campo de 66 yardas (60.4 metros) en 2021. ¡Fue el más largo de la historia!

Peyton Manning tiene la mayor cantidad de premios MVP de la NFL, con un total de cinco.

El Soldier Field de Chicago es el estadio más antiguo de la NFL. Se inauguró en 1924.

MÁS PARA EXPLORAR

COMPARACIONES INTERESANTES

¿Qué mariscales de campo tienen más yardas por pase en la historia de la NFL?

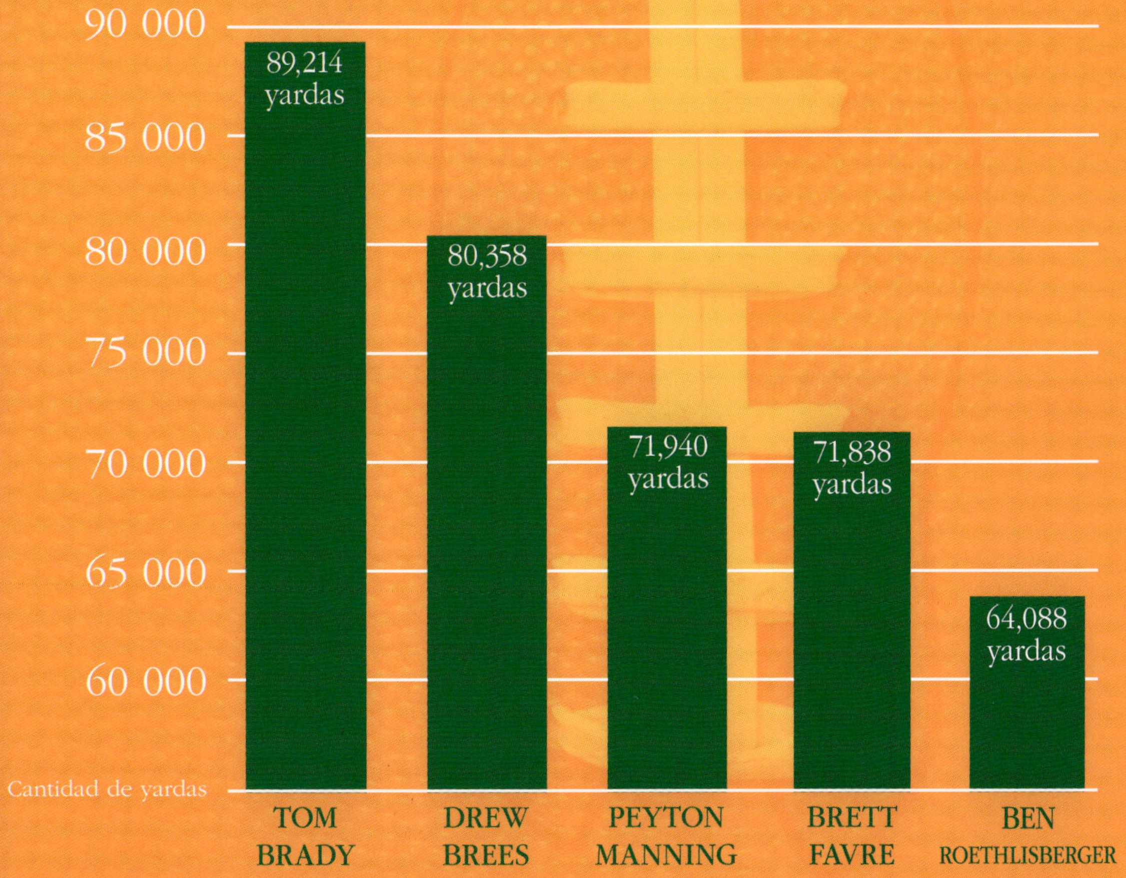

MÁS PARA EXPLORAR

RECURSOS

Glosario

conferencia Un grupo de equipos deportivos de la misma liga que compiten entre sí.

exalumno Alguien que fue estudiante en una escuela.

intercepción Una atrapada realizada por un jugador del equipo contrario.

línea defensiva Un grupo de tres a cuatro jugadores que se alinean en la línea de golpeo y detienen al jugador que tiene el balón.

oponente Una persona, equipo o grupo que compite contra otro.

tradición Una creencia o costumbre transmitida de una generación a otra.

Índice alfabético

TOP RANK es publicado por Black Rabbit Books, P.O. Box 227, Mankato, MN, 56002.

• Top Rank un sello de Black Rabbit Books • Diseño de Danny Nanos • Fotografías © Alamy Stock Photo/Cal Sport Media, 19; Associated Press/Abbie Parr cover, 1; Dreamstime/Aspenphoto, 6, Gerald T. Coli, 12–13; Getty Images/Andy Lewis/Icon Sportswire, 17, Bryan M. Bennett, 11, Chip Somodevilla, 15, David Berding, 10, Jamie Squire, 8–9, Jason O. Watson, 16, John Cordes/Icon Sportswire, 21, Perry Knotts, 2; Shutterstock/Everett Collection, 4–5, FeLopes, 7, Matushchak Anton, cover, 1, Ringo Chiu, 14, 20, Sean Locke Photography, 7, spatuletail, 5, Tatjana Baibakova, 18, WilleeCole Photography, 23 • Impreso en India.

Library of Congress Cataloging-in-Publication Data: Names: Whitcomb, Aidan, author. | Title: Por qué nos gusta el fútbol americano / by Aidan Whitcomb. | Other titles: Why we love football. Spanish | Description: Mankato, MN: Top Rank is an imprint of Black Rabbit Books, [2026] | Series: Por qué nos gustan los deportes | Includes index. | Ages 8–11 | Grades 2–3 | Identifiers: LCCN 2024054696 (print) | LCCN 2024054697 (ebook) | ISBN 9781644669761 (lib. bdg.) | ISBN 9781644669907 (paperback) | ISBN 9781645824466 (ebook) | Subjects: LCSH: Football—United States—Juvenile literature. | Football players—United States—Juvenile literature. | National Football League—Juvenile literature. | Classification: LCC GV950.7 .W49518 2026 (print) | LCC GV950.7 (ebook) | DDC 796.332/64—dc23/eng/20241227